Marcelle Vérité - Ph. Sa

Bulle l'hippopotame

casterman

Il y avait une fois une grande rivière d'Afrique où vivaient Bulle, le petit hippopotame, et sa maman.

Ce soir justement le soleil se couche dans un ciel rose et vert.

C'est l'heure où les hippopotames vont à terre brouter les bonnes herbes.
Bulle est comique avec son corps tout rond, ses courtes pattes; on voit bien qu'il est fait pour vivre dans l'eau où les hippopotames flottent comme des bouchons. Il est ravi de suivre sa maman que tout le monde craint; elle possède une mâchoire capable de briser en deux un canot des pêcheurs de la rivière.

Bulle a une amie : l'aigrette, bel oiseau blanc qui se promène sur son dos et le suit partout. Il faut vous dire qu'en Afrique beaucoup d'insectes tourmentent les animaux ; alors certains oiseaux viennent les picorer sur leurs dos, leurs têtes et, croyez-le ou non, jusque dans leurs narines... et leurs mâchoires !

Après les grandes pluies, l'herbe pousse vite, les fleurs aussi. Bulle, sa maman et bien d'autres amateurs de feuilles nouvelles vont s'en régaler. Les rhinocéros et les éléphants aussi.

Ce soir, madame rhinocéros, désagréable créature, est en train d'arracher les feuilles nouvelles d'un buisson, quand soudain Bulle, qui se promène, apparaît avec sa bonne tête luisante, sa petite queue raide qui fait des moulinets.

Les rhinocéros sont myopes, mais pas au point de ne pas voir un gros bébé hippopotame qui surgit presque sous leur nez.

Madame rhinocéros déteste qu'on la dérange. Elle commence à gratter le sol du sabot, signe de colère, baisse la tête, pointe sa corne vers Bulle. On dirait un tank partant au combat.
Notre petit hippopotame se sauve aussi vite que ses courtes pattes le lui permettent. Heureusement, sa mère n'est pas loin ; il en est quitte pour la peur.
Une famille de lions observe la scène avec intérêt, sans bouger. Les fauves savent qu'il est imprudent de s'attaquer à plus fort que soi : ils préfèrent chasser l'antilope ou la gazelle.

Midi. Un soleil de feu inonde le pays. Un grand silence plane dans la brousse; même les singes font la sieste dans le feuillage; les girafes se reposent à l'ombre d'un mimosa; dans la rivière, Bulle rêve. On aperçoit juste ses yeux, ses oreilles, le dessus de son museau plat. Pendant ce temps, sa maman marche au fond de l'eau comme aiment faire les hippopotames qui se nourrissent de racines et de tiges croquantes. Quelques flamants, des hérons, des grues rafraîchissent leurs longues pattes au bord de la rivière et, mine de rien, guettent les poissons.

On ne sait qui eut l'idée, peut-être Yap-yap, le chacal, sociable créature. Ce soir, un grand concours a lieu sur une plage de sable gris. Il s'agit de voir qui possède le plus grand bec, la plus grande mâchoire. On hésite un peu ; les concurrents ne sont pas très nombreux, parce que Cric-croc le crocodile se présente et il désire être sacré « roi de la belle mâchoire ». Qui sait s'il n'engloutira pas l'un ou l'autre au passage?

La cigogne noire, le marabout toujours déplumé, le héron gris se sont approchés : c'est le tour des oiseaux. Chacun est armé d'un bec qui impose le respect, mais c'est Poche, le pélican, qui a remporté le prix : non seulement il possède l'outil le plus énorme, mais il débordait de poissons, ce qui a ravi tout le monde. On applaudit beaucoup, en battant des ailes, les hippopotames en faisant de grosses bulles dans l'eau.

— Aux autres, maintenant, chuchote l'aigrette à son ami, devine qui va gagner.

Cric-croc ouvre une mâchoire fendue jusqu'aux yeux, plantée de dents pointues, pointues, crochues, crochues, à vous donner le frisson, à vous décourager de les compter. Qui fait mieux?

Alors mère hippopotame bâille tranquillement; ça, elle prend son temps, et l'on aperçoit un gouffre rose et brun planté de piliers énormes, des canines de soixante centimètres de long s'il vous plaît!

Hé oui, elle pourrait, aussi bien qu'un crocodile, avaler un homme tout cru; et peut-être son canot, bien que les hippopotames ne mangent que des plantes, comme chacun sait.

— Elle a gagné, elle a gagné! crient tous les animaux, même la panthère qui n'était pas invitée.

Ensuite Yap-yap a déclaré que les petits des animaux allaient concourir pour le prix : « qui sera le plus drôle ».
Les bébés chacals se sont mis à danser sur leurs pattes de derrière. Bravo ! Les petits singes, à se balancer dans les branches en se tenant par la main. Bravo ! Les jeunes flamants, à faire des S avec leur long cou. Bravo ! Quant à Bulle, il a plongé dans la rivière, laissant juste dépasser son bout de queue comique, puis il a fait le bouchon sur l'eau et tant de cabrioles qu'on a crié en chœur (sans Cric-croc) : « Bulle a gagné ! »

On lui a posé une jolie couronne de fleurs sur la tête, on lui a offert un bouquet de nénuphars pour son dîner. Bulle était très content, et sa maman très fière.

Allongée sur une branche, la panthère a pensé : « S'il y avait tous les jours des concours, j'y trouverais sans doute mon déjeuner ! »

Maintenant Bulle sait rester plusieurs minutes sous l'eau; il se promène au fond de la rivière où depuis des siècles les hippopotames ont tracé des chemins. Il mange les racines des plantes, choisit les tiges de lotus qui lui plaisent, mais ne touche jamais aux poissons qui s'amusent à le suivre.

Son amie l'aigrette attend qu'il remonte à la surface pour se poser sur son dos.

Une fois, Bulle, sans le faire exprès, a failli renverser un radeau rempli d'enfants qui pêchaient. L'un d'eux est tombé à l'eau, ou

plutôt à califourchon sur son dos. On ne sait lequel des deux a été le plus effrayé.

— Ramène-le au rivage, il ne sait pas nager et il n'est pas méchant du tout, a déclaré l'aigrette.

Ce n'est pas tous les jours qu'un enfant voyage sur le dos d'un hippopotame !

Cette aigrette est vraiment très utile. Un jour Cric-croc s'est caché sous de longues branches qui trempaient dans l'eau. On ne le voyait pas, mais lui voyait tout. Aussi, quand Bulle est passé par là, il a voulu le saisir par sa petite queue. Heureusement l'amie aigrette veillait : cette branche à demi

noyée qui flottait, immobile, ressemblait bien au vieux crocodile.

— Attention, Bulle, attention !

Elle n'avait pas plus tôt crié que mère hippopotame montait à la surface.

— On n'a plus le droit de faire la sieste en paix, a grommelé Cric-croc entre ses grandes dents.

Bulle vit très heureux au pays de la grande rivière, surtout depuis que le méchant crocodile est parti pour de bon. Il ne se connaît pas d'ennemi. Quand il fait vraiment trop chaud pour bouger, sa maman lui raconte de belles histoires de brousse; elle en sait des tas.

Qui l'écoute? Mais Bulle, bien sûr, les petits singes, les bébés chacals, et même parfois la panthère sur sa branche.

— Il faut apprendre à regarder autour de soi, conclut mère hippopotame, c'est le seul moyen de se garder en vie dans notre grand pays d'Afrique.

ISBN 2-203-10535-6

Imprimé en Belgique par Casterman, s.a., Tournai. Dépôt légal: Mars 1996 ; D. 1996/0053/170.
Déposé au ministère de la justice, Paris (loi n° 49.956 du 16 juillet 1949 sur les publications destinées à la jeunesse).